スマナサーラ長老の
悩みをなくす７つの玉手箱
2

老いは楽し

国書刊行会

老いは楽し【目次】

目次

イラスト・装幀：佐藤広基・佐藤桃子（REALIZE）

老いは楽し

だれだって歳をとる

生まれたものは、だれでも歳《とし》をとってしまいます。これは楽しいことではありません。私たちはこの楽しくない「老いる」ことと、どうつきあっていけばよいでしょうか？

これから「老いる」ということについて、ブッダの考えはいかがでしょうか、とお話しいたします。

私たちは日々、歳をとってしまいます。いくらごまかしてみても、やはり老いること、歳をとることはイヤなことなのです。ちっとも楽しいことではありません。

だからといって、歳をとるのを避けることはできません。お経をあげても、お祈りしても、どんなからくり、ごまかしをしても、ぜんぜんだめですね。歳をとること、老いることは、どうやっても避けられない。お経を一万回あげたら、あるいは百万回あげたら、歳とることをやめてもらえるというのなら、私だってやりますよ。でも、なにをやっても、これだけはだめですね。

神様ならできるのでしょうか？　神様は絶対的で最高最大の力をもっている、できないことはなにもない、全知全能だ、といっている宗教も、世の中にはたくさんあります。

そんなに最大最強で、無制限に力があるというのなら、人が歳とって死ぬことをなんとかできないのか、と聞きたくなります。でも、これがなにもできないのですね。

イタリアのローマに面積が〇・四四平方キロメートルの小さな国がありまして、ヴァチカンというカトリック教会の本山です。そこにローマ法王（教皇）といってカトリック教会の一番偉《えら》い人がいるのですが、カトリックでは天国の鍵《かぎ》はローマ法王が握っているといわれています。自分たちの宗教のなかで一番偉い、人間のなかで選ばれた神の代理人として拝んだりして、神様になにか連絡したければローマ法王を通してお願いしなければならないのです。

最近亡くなったローマ法王は、ヨハネという人でかなり人気がありました。彼が亡くなるときはよぼよぼで、パーキンソン病で、体が震えるし、顔かたちも見るかげもなく、しゃべることもできなくなって、痛ましい状態でした。歳のわりにとてもかっこいい男性だったのに。神様の代わりだから、信者さんの代表だから、なんとかその人を運んでは来るのだけど、本人は二、三分したら寝てしまうし、しゃべることもできない。完全に老いてしまっていたのです。

われわれから見れば、その状態はごく普通のことなのですが、私が文句を言いたいのは、

「神様が彼をもうちょっと元気にしてあげればいいのに。まあ、死ぬことは死ぬのだけれど、死ぬまでちょっと元気にしてあげればいいのに」

ということです。でも、これができないのですよ、全知全能の神様にも。老いることはどうすることもできない。

そこが仏教の教えなのです。人は老いるものだ、生命は老いるものだ、これをやめるということは、だれ一人できません。老いるというこ

とは絶対的です。仏教は、そういうのです。

昔むかし、中国の仙人とかが不老長寿の薬なんかを発見したとかいいますね。発見したわけではないのです。みんなが不老不死にあこがれているので、神話的な物語のなかだけでも、切実な期待が実現してほしかったみたいですね。長寿にはなりえても、不老不死にはなりえませんでした。

でも、話としてはおもしろい。魔法の話は、私もけっこう好きです。まあ、聞いておもしろいのですが、実際はだれも成功していない。

そういうわけで、歳をとるということは、だれにも絶対避けられないのです。

太陽も変わる、地球も変わる、なんでも変わる

この、老いることとは、はっきり言ってイヤなことなのですが、では、いったいどう見ればよいのでしょうか?

それはこういうことです。人間にかぎらず、すべてのものごとは歳をとる。それは、絶えず変わって変わって、別なものに変化してゆく、という意味なのです。

別なものに変わっていくということだったら、私たちは世の中のことならそのまま、ものごとが変わっていくのをなんの文句もなく見ていますよね。たとえば、太陽がありますね。太陽がずーっと燃えて燃えて燃

えて、変わっていく。それには文句を言う人はいません。やがて、あれも消えてしまいますけど。太陽が消えたらけっこうヤバイのですが、まだだれも文句を言わない。

その太陽の力に地球が引っ張られて、地球は太陽の周りをぐるぐると回っています。だから私たちの世界に昼があって夜があるのですが、変わるからこそ、そういう現実があるのです。

昼も夜も変わりながら、太陽の周りを回ることで季節が出てきます。斜めでいい加減な軌道ですからね。太陽もまっすぐではないし、地球も同じです。ちょっと地軸が傾いているのです。われわれの根性と同じで。まっすぐならうまくいくのに、そうではない。傾いていて回っているから、四季という季節ができて、恐ろしく寒い冬も、とんでもなく暑い夏も存在するのです。

北極なんか、冬はもう半年以上暗いし、また夏は半年間ずーっと太陽が見えていて、一年かけてたったの一日ですよ。南極も同じで、一日が終わると一年経っています。同じ地球の上なのに、われわれには二十四時間で一日なのです。

そうやって、地球上のものごとも変わっていく。花が咲いたり、種が芽吹いたり、実がなったりするのが見えるでしょう。

三月の終わりから四月の初めごろになってくると、桜の木なんかは、頭がおかしくなってしまったかのように、花がいっぱい咲きますね。せっかくきれいな花が咲いたのだから、二、三週間そのままでいればいいのに、三日もすると散ってしまうのです。

桜の花をちょっとおだてて、

「君はね、なんてかっこいいんでしょうか。こんなにきれいな花を咲かせて。まあ、せっかく一年に一回咲いたのだから、一週間ぐらいはもたせてちょうだいよ」

と頼んでみてください。でも、さっぱり聞いてくれないでしょう。次の日に雨が降ったら、もう花びらが散ってしまいます。逆に太陽がさんさんと輝いても、花びらが焼かれて、みるみるしおれてしまう。美しく見えるのは、せいぜい三日くらいのものです。

変わることが存在すること

そうやって、ものごとは変化するのです。変化しないと、なにひとつも存在しないのです。

これが、お釈迦《しゃか》さまのおっしゃっている真理なのです。「変わること」が「存在すること」である、と。「変わらない」ということは、これがとんでもないばかな話で、ありえないのだよ、と。

どう考えたって、ありえないのですよ。変わらないものといったら、存在しないもの、ないものなのです。「ウサギの角《つの》」とか「亀《かめ》の毛」とかは、その代表です。「ウサギの角」や「亀の毛」なんかは、ぜんぜん変化しませんよ。だって、もともとないのですから。
私のひげなんかは、どんどん白くなってしまって、真っ白になってい
きます。髪の毛なんかは、白くなるだけでは止まりません。頭から逃げ
ていって、なくなってしまう。私にとっては、剃《そ》らなくてすむから便利
ですけどね。しかし、みなさまにとっては、髪の毛に逃げられるなん
て、あまりおもしろい話ではありませんね。奥さんに逃げられても我慢
できるが、髪の毛に逃げられると、これはなかなか気にくわない。
そうやって、ものごとは変わっていくのです。変わらないものといえ
ば、「ウサギの角」とか「亀の毛」ぐらいのものです。「髪の毛」ではな
くてね。
私のひげや髪の毛は変わりますが、たとえば私の翼《つばさ》は変わりません
よ。私の翼が見えますか？　ついているでしょうか？　そんなものは

ません。

「ない」のだから、変わるか変わらないか、もう話題にするまでもありませんね。

ですから、よく覚えておいてほしいのです。一切の存在、ありとあらゆるもののなかで、大宇宙のなかで、ひとかけらも、塵《ちり》ひとつも、変わらないものはないのです。これは悲しいことでも楽しいことでもありません。クールな事実なのです。悲しかろうが楽しかろうが、そんなことは関係ないのです。変わるものは変わる。それだけのことなのです。

みなさまがたは、この地球が自転することが悲しいですか？「悲しいなあ。午後になっちゃったなあ。もう四、五時間たったら暗くなってしまいますね」などと言いますか？　べつに、どうってことないでしょう。だから、日夜が変わることは、どうということもない。不思議でもなんでもありません。

太陽さえ生まれたり消えたりする

そこで天体望遠鏡でも覗《のぞ》いて、宇宙の果てまで見てみると、巨大な太陽が爆発して消えたりしている。また逆に、巨大な空気がどんどんどんどん固まって固まって、強烈な熱を出して燃えはじめて、新しい太陽が誕生したりする。見たら見えますよ。

ただ、新しい太陽がひとつ誕生するところを見てやろうかな、と思ったら、まあ、だいたい一万年二万年どころではすまない。一千万年ぐらいじいっと見ていないといけませんが、一千万年ぐらいじいっと見ていると、ゆっくりゆっくり空気が固まって太陽になるのが見えるのです。

世の中はそんなもので、太陽さえも現われたり消えたりする。「大宇宙は現われたり消えたりするものである」と、二千五百年以上も前にお釈迦さまがおっしゃったのです。これは最近になって科学者がやっと言うようになりましたが、宗教ができた時代には、だれもこんなことは知らなかったのです。

お釈迦さまの時代といえば、まだイエスさんは生まれていなくて、その千三百年前のモーゼ（『旧約聖書』の預言者）さんやら、もっと昔のザラスシュトラ（ゾロアスター教の開祖）さんやら、いろんな人びとがたくさんの宗教をつくっていました。お釈迦さまのあとにも、イエスさんの弟子がつくったキリスト教やら、バラモンたちが仏教をぱくったヒンドゥー教やら、ムハンマドさんのイスラム教やら、世界中のいろんなところに宗教が現われました。

そのなかで、しっかりした知識人が、完全なる智慧《ちえ》でつくった宗教といえば、たったひとつ、釈迦牟尼仏陀《しゃかむにぶつだ》（シャーキャムニブッダ）が説かれた仏教だけなのです。内容にまちがいも不確かなところも一切なし。世の中で、きちんとした完全なる智慧がそなわったうえで、一切のことを知ったうえで語られた教えといえば、ブッダの教えだけなのです。

ブッダの教えを読むと、「太陽なんかは花火のように現われて消えるものだ。宇宙には太陽みたいな星は無数にある」と、当然のことのように記録されているのです。

ときどき、お釈迦さまがお坊さんたちにどなったこともあります。

「君たち、怠けていてはいけないよ。すべては恐ろしい速さで変わっていくのだ。この太陽を見なさい。いまは偉そうに輝いているけど、こんなものは、やがて消えてしまいますよ」

と。それからまた、おっしゃいます。

「海を見なさいよ」

と。海はあまりにも巨大です。地球全体の面積で七〇パーセントぐらい占めているのだから、そうとうの面積ですよ。その海について、

「こんな海は、いずれ涸《か》れてしまいますよ。人間のかかとぐらいの水溜まりになります」

と。そんなことは、お釈迦さま以外、だれも言っていないのですよ。

だから、ブッダはたいへんなことを知っていたのです。

極小レベルも変わる、変わる

お釈迦さまは、現代の科学者よりも徹底的に優れた科学者として、微妙な小さな原子ひとつを見ても、素粒子《そりゅうし》ひとつを見ても、ずーっと変わっていくことを観察されたのです。

仏教では、物質は地水火風《ちすいかふう》でできていると言うのです。地水火風とは、土《つち》、水《みず》、火《ひ》、風《かぜ》、として理解してもブッダの説かれる真理はわかりません。しかし、地水火風の註釈《ちゅうしゃく》を読んでみると、物質の最小の単位を合成する四種類のエネルギーであることがわかります。現代の物理学でいう素粒子の説明に似ているのです。

変化というのは、素粒子のレベルで絶えず起きているのです。変化は素粒子レベルで起きているというと、認識できないほど速く変化することになるのです。

われわれがよく知っている素粒子といえば、光子《こうし》です。光の速度は、光の変化の速さでもあります。咲いた花が萎《しお》れるまで、三、四日かかるでしょうが、花は素粒子でできているので、素粒子として観察することができれば、めまぐるしい速さで花が変化していくことを発見できるのです。

「じゃあ、ちょっと原子や素粒子を見てみようかな」

なんて思わないでください。あれは見えないのですから。計測機器のそろった大きな研究所に行ってかなり苦労しないと、原子などは見ることができません。でも、見た人びとは、われわれにいろいろしゃべってくれますからね。黙っていてもいいのに、見た人はなんだかうずうずしてみんなに発表するから、私たちも原子についての事実を知ることができるのです。

そこで、見るとわかるのです。原子一個であっても、じいっと止まっていないのです。絶えず変わっていくのです。

この太陽から、一秒間に何万トンもの物質が、ずーっと落ちているのですよ。地球にも落ちるのです。でも、あまりにも小さい、微細な物質なのでわからない。実際には重さがあるのです。何万トン単位で重さがあるのだけれど、だれにもわからない。

それは、ニュートリノという物質なのです。ニュートリノの存在を証明したのは東大の小柴昌俊教授で、二〇〇二年にノーベル物理学賞を取りました。

ニュートリノは大量に降るのです。まあ、一分間ぐらいに降ったニュートリノでも、まとめたならかなりの重さです。でも、まとめることはできません。あまりにも小さくて、私たちの体も通って、地球も通って抜けていくのです。小さすぎですね。だからわからないし、発見もできませんでした。

しかし結局、太陽の重さがその分は確実に減るのです。

変化のなかのつかの間の命

そうやって、ものごとはすさまじい勢いで動いてもいるし、変わってもいく。ただ動いているだけではありません。たとえば、太陽が爆発してガスになるでしょう。ガスになって、それで止まるわけじゃないのです。どんどん膨張する。それから、またどんどん収縮する。そうやって変化する。そして、また固まってしまうのです。固まって太陽になる。あまりにも縮むと、それがまた爆発したりして、この地球のような惑星《わくせい》もできたりするのです。

だから、惑星もかつては燃えていたのですが、小さすぎますから、火が消えてしまったのです。でも、地球という惑星の中に、火はまだ残っていますよ。外側が冷えてできあがった殻《かく》の上で、われわれは偉そうに住んでいます。この殻が破れたら、また地球の中の熱で地表が溶けだしたら、危ないでしょうねえ。まあ、心配することではありません。われわれが地球の上にいるのは、ほんのわずかの時間ですから。

地球がちょっと震えたら、家は壊れる、建物は壊れる、海は押し寄せてくる。たとえ百年間苦労してつくった街であろうとも、地球がほんの少し微妙に身震いしただけで、もう壊れてしまいます。

二〇〇五年八月に、カトリーナというハリケーンがアメリカを通り過ぎて大きな被害が出ました。アメリカ人はわれこそは世界一強い国民だといばっていますが、ハリケーンに襲われればなすすべがない。ニューオリンズという街全体がハリケーンに洗われて、水没して捨て去られたのです。完全に復旧するのは無理なのだそうです。もう、街ひとつが終わりだと。まあ、観光の人が行ったりするちょっとした思い出のところは、なんとかして修復するけれども、ほかのところは全部処分するのだそうです。そんなものです。私たちが「東京は最先端の都市だ」と自慢していても、地震でも起きたらどうなることか。そんなのわかったものではありません。

また、宇宙というのはとんでもなく危ないのです。あっちこっち巨大な石の塊《かたまり》が、恐ろしい速さで飛んだりしているのです。まちがってひとつこちらにぶつかったら、もう地球はこなごなになって終わってしまいますよ。

どうにか救われているのは、磁力《じりょく》のおかげです。宇宙の恒星《こうせい》や惑星や小惑星などは、結局は磁石《じしゃく》です。地球も磁石で、宇宙を飛んでいる物体も磁石ですから、こちらへ近寄ってきても磁石の力で反発してちょっと逸《そ》れてしまうのです。それでも、毎日毎日、かなりの量の石が落ちるらしいですよ。ほとんどは、はね返って出ていくのです。あまりはね返らない小さなものは、地球をめがけて来るが、空気を通過するときに、摩《ま》擦熱《さつねつ》で燃え尽きてしまいます。

もし燃え尽きないぐらい巨大な隕石《いんせき》が落ちてしまったら、あるいは地球の磁石で隕石を引っ張ってしまったなら、もう「ナンマンダ」と言う時間もないと思いますよ。あっという間に、みんなこなごなになって終わるのです。そんなものですよ、存在は。

このように、止まるということは瞬間たりともないのだ、変化しないということは瞬間たりともないのだ、と観察して発見したこと、それが偉大なるブッダの教えなのです。

「私」という錯覚

そこで、みなさま自身はどうでしょうか？　三十分ぐらい前から説法を始めましたけど、その時間から一秒単位で、一秒間に何万回も何十万回も変わっているのです。ずーっと変化していますよ。

説法が始まった時と今とでは、まるっきり別人なのです。私も同じです。共に変化していますから、おたがい知っているフリをしています。私がこの三十分以内でも変化しなかったなら、みなさまのことがわからなくなってしまうのです。もし私が変化して、みなさまがたが変化しなかったならば、「あれ、こいつは何者か」とみなさまがたは驚くのです。

でも、おもしろいことに、共にいっしょに変化していますから、「ああ、まあ、知っている」という感じになるのです。でも、そう思っているだけ。それは錯覚ですよ。

たとえば、同じ方向に電車が二本走ると、いくらスピードが出ていても、電車が止まっているように見えますね。あんな感じです。高速道路ででも、隣の車と並んで同じスピードで行くと、隣の車の人と窓を開けてしゃべることもできます。ほんとは時速八〇キロで走っているにもかかわらず、

「ああ、どうも、こんにちは。あの、どこからどこへいらっしゃるんでしょうか?」

なんてしゃべることもできます。そうやって、ちょっとの時間でもおたがいにしゃべっていると、錯覚が起きるのです。おたがいに同じ場所に

止まっているのだと。まあ、実際にそんなことをやったら、事故ってしまって、お寺さんのお世話になる可能性もありますから、試してみたりしないでください。

私たちも、そんな感じで「止まっている」と錯覚を起こしているのです。私は田中だ、私は佐藤だ、私は何者だとか言って、止まっていると錯覚を起こしています。この錯覚のせいで、事故ってしまっていますよ。老いることは、なんの不思議もなく、たんなる自然現象なのに、それが大きな問題だと思って悩むことは、正真正銘の「事故」なのです。

お釈迦さまは、

「止まっているという錯覚を起こすのはやめてください。事故になりますから」

とおっしゃっているのです。だって、人生にはあらゆる事故が起こるでしょう。けんかをすることも事故なのです。「止まっている」と思っているだれかが、けんかを起こすのです。

相手がなにか言ったら、「もう、あの人は性格が悪い」「なんであなたは、そんなに性格が悪いのか」とか言ってけんかする。

性格が悪くたって、性格なんかすぐ変わってしまうのですよ。すぐ変わることを忘れてしまって、それでわれわれは、おたがいにけんかをする。

財産や土地の相続なんかでも、けんかになる話はよく聞きます。親族兄弟のそれぞれが自分の財産ではないか、自分の土地ではないかと、主張して争いになります。

これも、おたがいに錯覚を起こしているのです。だれかが強引に親の土地を独り占めにしたとしても、それが止まっているわけではありません。自分のものになったわけでもありません。土地も財産も捨てて、自分が消えなくてはいけないのです。

でも、われわれは、世界が「止まっている」、私が「止まっている」と思って、けんかをするのです。

けんかする、嫉妬《しっと》する、怒《おこ》る、憎《にく》む、恨《うら》む、落ち込む、人を差別する、もうイヤなことばかりですよ、この世の中は。人と仲良くすることはできないのです。そういうすべての問題が起きるのは、「止まっている」という錯覚のせいなのです。

お釈迦さまがおっしゃるのは、

「全宇宙を見渡しても、ひとかけらも、この塵《ちり》ひとつさえ、微妙にでも止まっているものはない。すべて変わっているのだ」

ということ。だから、変化するという立場から見れば、私もいない、あなたもいない。日本も、地球も、あるわけではないのです。ただ一時的に回転していて、壊れてこなごなになってしまうものです。

はっきり言えば、花火のようなものです。花火だったらきれいだからありがたいですけど、私たちは花火のように美しく輝いているわけではない。たとえとして、花火のようなものだと理解してください。花火はきれいだけど、瞬間のものでしょう。一瞬で消えてしまう。いったん花火が終わったら、残るのはくさいガスだけ。そのくさいガスもまた、風がきて散ったら消えてしまう。それで終わりです。

変わっていくのはあたりまえ

そういうわけで、「歳をとることはイヤなことだ」なんて言えたものではないのです。どうしても止まれないのだから、私たちは「まあ、そんなのあたりまえだ」と理解したほうがよいのです。

そろそろ雨が降るかもしれません。でも、べつにびっくりする必要もないでしょう。そんなのあたりまえですからねえ。雨が降ったらいいところは、ちょっと涼しくなることかもしれませんね。それで「涼しくなったなあ」とありがたがっても、湿気が上がると、また汗が出るようになってしまいます。まあ、そんなもので、べつにびっくりする必要もないし、イヤな気持ちになる必要もないのです。今年の夏は長いみたいで、いまはちょっと暑いですが、べつに文句を言わなくても、夏が暑かった分、冬の寒さに利息がつきますからね。そこで、冬は寒いと文句を言わなくても、冬もそんなに長くはないのだから、せいぜい三か月間で終わってしまいますよ。

ですから、世の中はそんなもので、ずーっと変わるから、びっくりすることも、落ち込むことも、喜ぶことも、悲しむことも成り立たないのです。雨が降ったり止んだりすることと同じです。

自分の髪の毛も、みるみるうちに変わり変わっていく。かつては輝いていたのだけど、それはほんのわずかのあいだですよ。二十歳ごろは髪の毛のかわいいこと、きれいなこと。もういまになってくると、なにを塗ったってあんまりきれいに見えませんね。いろいろ塗ってはみるけれど、塗ってから「やっぱり塗らなかったほうがよかったな」と思ってしまいますよ。そんなものです。ほんとは、小さいときからなにも塗らないほうがいいのです。自然にほうっておくと、けっこう自然に守られます。そうすると、変わってもイヤな気分にはなりません。だから、いろんな色で染めたり、脱色させたり、よりかっこよく見せようと思っていろいろやると、早くかっこ悪くなってしまいます。

ですから、髪の毛は白くなるわ、また抜けるわ、顔にはどんどん皺《しわ》が寄ってきて、やがて「顔はどこですか?」ということになります。皺だらけになって、もう自分の顔はどこにいったかわからなってしまう。

ご飯を食べるために、ありがたい歯があるのですが、やがて抜け落ちて、うまく笑うこともできなくなってしまいます。それで、借り物の部品を入れることになります。べつに入れ歯を入れなくてはいけないということはないのですが、人にあいさつするときに、にこやかに笑うためだけにでも、入れておこうということになりますしね。

人生はそんなもので、老いることはごく普通、あたりまえであって、びっくりするようなことではないのです。

雨が降ることにはびっくりしないし、太陽が輝いたからといってびっくりしない。今日は七時ぐらいになってくると暗くなるでしょうが、それもびっくりすることではない。ごく自然の現象です。

それと同じように、われわれの老いる人生、歳とってゆく人生も、ごくごく自然なことであると、まず理解してほしいのです。

生きていることこそ、びっくり!!

そういうわけで、変化することが、老いることが、ごくごくあたりまえのものだと見てもらわないと、たいへんなことになります。あたりまえだと見ている人には、錯覚がないのです。

とくに仏教では言うことですが、できるだけ巨大なスケールで見たほうがよいのです。もう全宇宙まとめて、自分の人生を見たほうがいいのです。この巨大な、無限に大きい宇宙の中で、すべてのものは瞬間たりとも止まることなく変わっているのだから、その中で「私」とか言っている場合ではないのです。なんのことはない、ちょっと風が吹いただけでも、もう自分の体が壊れてしまいます。ちょっと水が流れただけでも、身体はこなごなに壊れてしまいます。風船よりも弱いくらいですよ。この身体は、ほんのちょっとのことで簡単に壊れるのです。

むしろ、おもしろいこと、びっくりすることは、これまで生きていたことなのですよ。よくもこれぐらいなにもかも、ものごとが壊れるところで、これまで生きていたなあと。まるで、あっちこっちから大量に鉄砲や機関銃で撃たれて、雨あられと弾《たま》が飛び交っている中心でじいっとしているのに、一発も弾が当たらないような感じなのです。あるいは、ひどい土砂降りのときに外に立ちながら、雨をよけてよけて、ぜんぜん身体を濡《ぬ》らさないでいられたら、これびっくりでしょう。われわれがいままで生きていたということは、それぐらい驚くべきことなのです。

身体の中には無数のありとあらゆる細菌《さいきん》がごろごろと生きていて、皮《ひ》膚《ふ》の上でもいろんな細菌が生きていて、そのほんの一部でも身体の中で反乱を起こしたら、もう命は終わりですよ。

細胞《さいぼう》も、ずーっと死んで生まれて変わっているでしょう。一応、きちんと法則で変わっている。でも、細胞一個がちょっと頭がおかしくなって、「私は好き勝手に変化するぞ」と思ったら、これががんになるのです。薬は効きませんよ。だって、身体の一部だから。外から入ったウイルスだったら、なんとか薬で殺すこともできますが、がんは自分の身体そのものだから、どんな薬も効かない。抗がん剤というのは、正常な細胞もいっしょに痛めつけるものですから。細胞一個でもちょっと頭がおかしくなったら、私たちの命はもうたちまち消えてしまいます。

ですから、歳をとることに悲しくなるよりは、生きていたことにびっくりしたほうがいいのです。一般的にも言うでしょう、「生きていることはありがたい、感謝しましょう」と。生きていることが珍しいのであって、歳をとることはぜんぜん珍しくもなんともない、どうってことないのですよ。

人が死ぬことも同じです。死ぬことはなんのこともない、あたりまえですよ。「よくも八十歳まで無事にいられたものだなあ」と、そこをびっくりするべきなのです。子どもの場合でも、十歳で死んだのだといって、そんなにびっくりする必要はない。「なんてかわいそうに、こんなに小さい子どもなのに、なぜ死んだのでしょうか」ではなくて、「こんなヤバイ世界の中で、よく十年間もいたものだなあ」と。昔も今もこれからも、命というのは極端に弱くて、もろくて、壊れやすいものなのです。

ビッグなスケールで「老い」を見る

たとえば、太陽があって、惑星がいくつかありますね。何個あるのか、私はもうわかりません。「また新しいのをひとつ発見しました」と言ったかと思うと、「いえ、それはまちがいです」と言ったりするのですからね。ま、一応、昔から火星・土星・木星やらはあったでしょう。木星とか土星は、地球よりもけっこう大きいでしょう。でも、大きい星でも、生命はいないのです。隣にある月にしても、月面に家を建てて住んでいたっておかしくないのですが、あの環境はあまりにも厳しくて住めないのです。空気はないし、昼は四百度ぐらいに暑くなるし、夜になるとマイナス二百度ぐらいの温度まで冷えるし、生きていられるどころではないのですね。この地球だけ、ちょっと水があって、ちょうどいい温度で、なんとかわれわれ人間が生きていられる。生きていられること自体が、稀有《けう》のなかでも稀有なことであって、「やっぱり歳をとるのはイヤだなあ」とか言っている場合ではないのです。

それが、ひとつのポイントです。仏教の立場というのは、「私、私」というスケールで見るのではなくて、宇宙のスケールでものごとを見る。「私、私」という見方は、あまりにも小さいのです。「うちのだんなはいびきがうるさくて、ほんとに寝られないんだ。神経衰弱になってしまった。どうしよう」とか、そんなことで困っている場合ではない。そんな問題は、あまりにも小さすぎですよ。壮大な宇宙のスケールで見れば、なにもかも変化する。だから、すべてあたりまえ、どうってことはない、ということなのです。

われわれは、だれでも歳をとります。それは絶対的なことです。歳をとることはあまりおもしろいことではありませんが、これを「イヤだ、イヤだ」と思ってしまうと、おもしろくないこと、苦しいことは、すさまじい勢いで増幅します。

ビッグなスケールでものごとを見て、老いることは「あたりまえのことだ」と見るべきなのです。

いいえ、「あたりまえ」ではすみません。あたりまえどころか、「歳をとる」ということは、じつはおもしろいのです。なにがおもしろいのでしょうか。それを、これからお話ししましょう。

気持ち年齢

私たちが「歳をとる」というのは、この身体がくたびれていくことですね。歩けなくなってしまうし、食欲があまりなくなってくるし、視力がどんどん衰えていくし、耳が遠くなる。耳は頭の両側にちゃんとついていて、べつに遠くに行ってしまうわけではないけど、聞こえなくなるのですね。それから、動きがすごく遅くなる。なにをするにしても、けっこう遅い。

まあ、そんなものですね。「歳をとる」ということは、私たちの身体がくたびれていく、壊れていくという、ただそれだけのことです。

しかし、もうひとつ、考えるべきことがあるのですよ。

それは、われわれの気持ちの年齢はいくつなのかということです。身体の年齢ではなくて、気持ち的なもの。それは、実際の年齢とけっこう差があるのではないでしょうか。

「あなたの気持ちのお歳はどれくらいですか？」

と聞かれたら、おそらくみなさまにとっては初めて考えてみる質問になると思います。だから、答えも知らないと思います。

「そんなこと言われたって、考えたこともない」

というのが正直なところでしょう。

考えたことはないと思いますが、今日、いま、考えてみてください。

「気持ち的に、自分はほんとうは何歳ですか？」と。

正しく考えるなら、気持ちには歳がないのです。気持ちは何歳とも言えないのです。いつでも「私」という気持ちだけ。子どものころから、ずーっと老人になるまで、「私ではないか」という、ただそれだけなのです。だから、「私」という気持ちには歳がない。気持ちはそのまんまなのです。

こころに年齢はないので、そこをみんな誤解してしまって、「魂は死なない」などと言っていますが、あれは誤解です。ただ、こころは気分的に年齢を感じないというだけで、こころもまた変化します。

気持ち年齢と身体年齢のずれ

いつも「私」という気持ちでいて、その気持ちに年齢はないのですが、「気持ち」は「事実」とぶつかるのです。

子どもたちが、ときどき、大人がやっていることをまねするのも、それなのです。まだ、自分の身体が小さいということがわかっていないのです。それで、けっこうトラブルを起こしたり、たいへんなことになったりする。自分が大人だと勘違いして――まあ、それはひどい勘違いをしているわけでもないのですが――、大人がやっていることを見て、「私もやりたい。おもしろそう」と、すぐ思ってしまうのです。それは

「私」という気持ちに歳がないからなのです。それで、小さな子どもでも大人がやることをやろうとする。子どもが考えるのは「おもしろそう。だからやりたい」という、ただそれだけです。

たとえば、小学生の男の子が、「お兄ちゃん、車運転してるでしょ。ぼくにもやらせてよ。ぼくは、おもちゃの車を毎日運転してるんだから」と言っても、その子に車を任せたらどうなるでしょうか？　大失敗ですよ。もう一分も経たないうちに、なにが起こるかわからない。それは、身体の年齢と気持ち的にやりたいことがずれていて嚙《か》み合わないからです。それでトラブってしまう。

大人にもあります。若い人でも、中年の人でも、すごく恥ずかしいことをしたりするのです。実際の年齢は四十歳とか五十五歳とかだったりするのに、二十歳だと勘違いしたりして、二十代の人びとがやっていることをやりたくなったりするのです。けっこう恥ずかしいめにあうことにもなります。その場合も、気持ちに年齢がないから、自分の身体の年齢を忘れてしまっているのです。気持ちで、若者がやっていることを見ると、「あ、私もやりたいなあ」と、つい思ってしまう。で、身体が歳をとっているということを忘れてしまうのです。

それで、さらに歳をとったらどうでしょうか？　それでも同じことなのです。歳をとってくると、私たちは「イヤだな」と思いますが、なぜそう思うのかというと、これも錯覚なのです。

「私」が「止まっている」と錯覚しているのです。歳とっていくと、だれでも身体がくたびれていることは見たくない、イヤなのです。それで、身体の歳にふさわしくない、気持ちの歳のことをやろうとする。自分よりずっと年下の人がやっていることをやろうとする。二十歳できたことを八十歳でもやろうとすると、これが大失敗します。それで、またイヤな気分になるのです。

物覚えも悪くなったにもかかわらず、家計簿を自分で握ってやろうとする。「嫁なんかに任してられない」ということで、買い物も無理に自分でしようと思う。そんなに歩けないし、もう目があまり見えなくて品定めも満足にはできないのに、気分的には若いから、自分でやってしまおうとする。そうやって、二つの年齢にちょっと差が生まれたために、お嫁さんとぶつかったり、けんかしたりすることになるのです。

そんな失敗は、だいたいどんな人間にもあります。

歳にふさわしいことをする

私たちは自分の歳にふさわしいことをすると、どんな年齢であろうとも、けっこうかわいいのですよ。問題ないのです。子どものころは忘れないのです。それを、なぜ忘れてしまうのでしょうか？　子どものころは忘れない。赤ちゃんは赤ちゃんの仕事をちゃんとする。それでかわいい。幼稚園児は幼稚園児で、それなりに自分の仕事をやる。小学生は小学生、中学生もそれなりに。まあ、だいたい高校のときでも、けっこう自分の仕事をします。

でも、くずれていくのは、高校のころからですよ。たまに、中学生のときから道を外れてしまう子どももいます。中学生なのに学校に行きたくないとかね。「学校に行きたくないなら、あなたはなにをしたいの？」と訊《き》いても、それもないのです。そんな調子では、話にならないでしょう。「学校に行きたくないのだったら、仕事でも見つけなさいよ」と言っても、「いや、仕事はやりたくない」と言う。それでは話になりません。

義務教育なので実際に働かせるわけにはいきませんが、そうやって社会の中での自分の役割というものを考えさせたほうがいいのです。なにもしないで、人の役に立つことなく、ただもらうばっかりで、それが当然だと思うと、もう大ばかもので、人生失敗するのは目に見えています。みんなに嫌われるのです。みんなに嫌われたってかまいませんが、自分自身が苦しむのです。生きることが、とことん苦しくなるのです。

それで、道を外れるのは、だいたい高校のときからですよ。高校生が高校生の歳にやるべきことではなくて、やってはいけないことをやろうとする。自分があこがれている大人のまねをして、人を殺したり、強盗をしたり、とんでもないことをやろうとする。

ときどき、親に隠れて同棲してしまったりする。親の同意があって、責任をもって「勉強しながら結婚生活もするぞ」というのなら、べつに結婚してもいいのですが、そうではなく、勝手に「あの子が気にいった」といっていっしょになって、半年もすれば「けんかして別れた」という。そうなるのは目に見えていますよ。

だから、高校生がいろいろ友達をつくってもいいのだけど、まあ友達のレベルにとどまっておいて、イヤになったら別れるとか、好きになったらまた仲良くなるとか、つきあったりもして、まあ二十代後半にでもなってきたら、結婚してもいい。そうすると、そんな好き勝手に「イヤだから出て行け」とか「好きだからおいで」とか、そんなことはなくなってしまうのです。

だから、その歳にふさわしいことをしなくてはいけない。十歳の子どもは十歳の子どもにできることをやる。十五歳の子どもは十五歳の子どもにできることをやる。二十歳は二十歳にできることを、四十歳の人は四十歳にできることをやる。四十かける二はどれぐらいでしたっけ？八十歳の人は八十歳にできることをやるのです。それならば、立派ですよ。その歳にふさわしいことをすると、けっこうかわいいのです。問題はないのです。

ひどく雨が降っているのなら、傘をさせばいい。それが、そのときにやるべきことなのです。それだけのことで、べつにどうってことはないのです。「雨が降っているから、毛皮のコートを着て毛皮の帽子をかぶるぞ」というのは、ちょっとまちがいでしょう。それは、雪が降っているときにすることとです。そこをまちがわないように生きていればよいのです。

夏になったら上着を脱いで薄着になるとか、そんな感じで、われわれは自分の歳にふさわしい作業をする。そうやって生きれば、世界とぶつかることはぜんぜんないのです。

足が言うことを聞いてくれないのだったら、それはそれでいいのです。次に考えるのは、「まあ、八十歳にもなったし、足が言うことを聞いてくれないし、ではどうすればよろしいか」と。そういうふうな感じで、私たちは歳にふさわしい生き方をする。そうすると、歳をとることは、けっしてイヤなものではないのです。

身体年齢を忘れたら失敗

気をつけてほしいのは、気持ちと身体、この二つの年齢をよく区別しておくことなのです。精神的な気持ちの歳と身体の歳が、ぶつからないようにしないといけません。ぶつかってしまったら、最悪！　けんかになるわ、嫉妬《しっと》するはめになるわ、家の中の平和がこなごなに壊れてしまうわ、自分が無理なことをして身体が壊れてしまうわ、病院に運ばれることになるわ、ひどいことになります。

自分は八十歳なのに、四十歳の人と張り合ったりするのも、歳を忘れているのです。「こうではないか、ああではないか」と言ったりしてね。

それはやめたほうがいいのです。

たとえば、おばあちゃんが孫について、あれこれといろんなことを考えているかもしれません。でも、若いお母さんが自分の子どもに関して、まったく別なことを考えているのです。それにたいして、ごちゃごちゃ言わないほうがいいのです。言いたくなるのだけど、そこがまちがい。おばあちゃんは「子どもなんだから、もうちょっと遊ばせてあげなさい」とか、お母さんに言いたくなるかもしれませんけど、お母さんはお母さんなりにいろんなことを考えているのだからね。だから、「それはあなたの子どもだから勝手にしなさい。私の知ったことではないんだ」というふうな感じで、自分の歳にふさわしいことをする。私はおばあちゃんで、この子は孫。だから、ちょっと甘えに来たら甘えさせてあげる。「遊ぼう」と来たら、ちょっと遊んであげる。出て行ったら忘れてしまう。それだけ。それで、孫が「お菓子ちょうだい」と言ったとします。まあ、お母さんのほうが「あげてもいいな」という顔をしているのだったらあげる。お母さんがイヤな顔をしているのだったらあげない。「お菓子はだめですよ」とか言ってね。そうやって自分の歳と仕事にふさわしいことをすると、なんの問題も起きません。

私たちは、身体の歳を気にして生きる、ということをしなくてはいけない。それをついつい忘れて、ひどいめにあうときもあります。

私のよく知っているおじいちゃんがいて、かなり立派な紳士で、落ち着いたまじめなかたなのです。まあ、お歳は召していますけど。そのかたに、男の孫ができました。遊びざかりの一番かわいい歳になってきて、その子が家に来ておじいちゃんと遊んだのだそうです。それでおじいちゃんも張りきって、男同士だからまた楽しいし、孫とずいぶん遊んだみたいです。次の日、私に連絡がきたのです、病院に連れて行かれたって。あっちこっち身体が故障してしまったみたいです。

まあ、私も気持ちはわからないわけではありません。孫があまりにもかわいくて、はしゃいで遊んでいるから、こちらも相手をしたくなるのです。毎日来るわけでもないし、せっかく来たのだから、今日一日、おもしろく楽しく過ごそうではないか、と。そこまではよかったのですが、ついつい自分の歳を忘れてしまったのです。もしそこを覚えていたならば、子どもがはしゃいであれこれしても、「私にはそこまで体力はないんだよ」と、なんとかできたのです。孫がずーっと走ってきて身体にどしんとぶつかったら、これは老人にとっては危ない。そこは「別な遊びをしよう」とかなんとか工夫しないと。

だから、ちょっと、たった一日、歳を忘れたせいで、病院にいくはめになりました。これで身動きがとれないまま、二、三週間です。歳をとってくると、早くは治りませんからね。若いころだったら二日で治るものが、歳をとると二か月かかるのです。そのうえ、後遺症とかなんとか残るのですから。

だから、歳をとればどうすればよいかというと、まあ、気持ちは気持ちとしておいといて、くたびれていく自分の身体のことをよく気をつけたほうがいいのです。気をつけて、自分にはいまどれぐらい体力があるのか、どれぐらい記憶力があるのかと、それをよく把握して覚えておいたほうがいいのです。

身体の歳を考えて生きてみると、かなりうまく生きていられます。

「私は若いけど、あなたには無理でしょ！」

食べるときも同じです。身体年齢を忘れると失敗します。気持ちの年齢には歳がない。気持ちはいつでも若い。でも、身体はどんどんくたびれていく。壊れていく。気持ちがあっても、身体で生きていかなくてはいけないのです。

たとえば、気持ち的にはでっかいステーキを食べたくなる。でも、自分の歯を見ると、田んぼに植えた稲みたいな感じで、ちょっと風が吹いても倒れてしまいそうなのです。それでは食べられないですよ。ステーキをミンチにしてもらわないと。そうすると、あまりステーキを食べた気分にはなりません。気持ち的にはステーキを食べたいし、食べて悪いわけではないのだけれど、自分の歯がなかなかついてこない。噛《か》めないのです。

では、噛まないでそのまま、蛇みたいに飲み込んだらどうなるでしょうか？　おなかもそれほど丈夫ではないのだから、もう消化できなくなってしまいます。胃液だってそんなに多くは出てきてくれないのだから、食べたものがおなかの中で腐ってしまいますよ。食べる前に厳密に賞味期限はどうかとチェックしていても、おなかの中で賞味期限が切れてしまいます。それで毒素が出てきて、もっとひどいことになってしまう。そういうのは、よく起こることです。

だいたい若いときは、かなりこってりしたものが食べたくなる。味が濃いものやら、砂糖や塩がいっぱい入ったものやら。そういうものを若いときに食べるのはいいのですが、六十代、七十代になっても、気持ちはそのままだから、若いときと同じものが食べたくなってしまう。そうなると、高血圧やら、脳出血やら、心臓発作やら、ありがたくないご褒美《ほうび》がいくらでもついてきますよ。

だから、気持ちとしては、超濃い味の硬いこってりしたものを食べたいけれど、「この身体ではだめだ。この身体ではこんなのは無理だから、なんとか食べられるものを食べましょう。あまり噛まなくてもいいものを食べましょう」と、そのように食べると、それなりに健康で、元気に身体を保つことができます。脳出血もなく、心臓発作もなく、高血圧もなく、いられますよ。

なんでそこらじゅう、高血圧の人ばかりいるのでしょうか？　あれは、自分の身体の歳を忘れているのです。二十代から三十代の気分でいるものだから、それで食べもので失敗するのです。

食べものというのは、身体のためにあげるエサなのです。ただの栄養だから、気持ちはどうでもいいことでしょう。気持ち、気分は関係ないのです。ですから、「これは身体にあげる栄養だ」と思って、歳に合わせて食べものをあげる。歯が弱くなってきたら、そんなに噛まなくてもいい食べものを選んで、作って、身体に与える。で、脂《あぶら》っこいものが食べたいのは「気持ち」であって、身体にはだめ！　身体はもうくたびれている。だから、その身体には、脂肪分が少なくて消化しやすいものをあげる。

ですから、幸せに歳をとるためには、この二つをしっかり分けて覚えておいたほうがいいのです。気持ちの年齢と、実際の身体の年齢。これをきれいに二つに分けて、身体を戒めたほうがいい。

自分の身体に、こう言ってください。

「私は若いけど、あなたはぼろぼろだ。私は若いけど、あなたはすぐくたびれて壊れてしまう。だから、塩がいっぱい入っているものや、脂肪がいっぱいのものはあげないよ」と。そうすると、やっぱり身体も、ちゃんと適応してくれます。

「けっして病気にならないように」ではなくて、「極力、病気が少ないように」、「けっして寝たきりにならないように」でなく、「極力、体力を保って、自分の足で自立して、生活できるように」ということはできるのです。

それでも、病気になっても、寝たきりになっても、それはそれで自然現象であって、気にすることはありません。立派な病人になれば、立派な寝たきり人間になれば、みんなに愛されて楽しく過ごせます。

熟練者のラクラク野良仕事

みなさんは、歳をとっても畑や田んぼの仕事をなさるでしょう。それは、けっして悪くないですよ。でも、若いときみたいに、朝早く行って、夜遅くまでがんばるぞ、ということはやめたほうがいいのです。それでもいいけれど、お寺の仕事が増えるだけで。お経あげなくてはいけなくなりますからねえ。でも、そんなに早く成仏《じょうぶつ》したくはないでしょう？　ですから、田んぼの仕事をしてもいいのだけど、「昔みたいにできっこはないんだ」と覚えておかないと。だから、朝早くに行かなくてもいいのです。八時半とか九時ぐらいとか、のんびり行って、のんびり畑のことをちょこちょことやって、「疲れたなあ」と思ったら、持ってきた敷物でも敷いて、どこかそこらへんでちょっと横になって、それからお茶でも飲んで、またちょこちょこと仕事をして、ゆっくり家に帰ればいいでしょう。

自分の体力に合わせていると、気分がいいのです。よけいなことを見栄張ってやる必要はないのです。のんびりやっても、けっこう仕事はできますよ。だって、経験者ですから。まあ、九時半ぐらいに畑に行って、一時間ぐらい仕事をして、一時間半ぐらい休んで、あるいは二時間ぐらい休んで、それから隣のおばさまとちょっと世間話をして、また三十分ぐらい仕事をして家に帰ったとしても、けっこう仕事をしていますよ。困る必要はないのです。経験者だから、仕事にむだも失敗もありません。そんなふうにやっても、べつに問題はないのです。

八十歳の仕事に八十歳の幸せ

では、歳にふさわしい生き方とは、具体的になんなのでしょうか。たとえば、八十歳ぐらいになってくると、その人に「料理を作ってくれ」と頼む人はいないし、代わりにだれかに作ってもらったものを食べなくてはいけない。自分にそれがおいしくてもおいしくなくても、もう関係ない。お嫁さんが作ってくれたものを食べなくてはいけない。「こんなものは食べられません」と言ってしまうと、ちょっと問題が起こるのです。そこで、自分の歳にふさわしく考えるのです。「私は作ってもらう立場だから、いろいろめんどう見てもらうのだから、自分ではなにもできない。だから、これはありがたいことだ」と。そう考えれば、いつでも「ありがとう、ありがとう、ほんとに助かりました」「あなたってほんとにいい娘さんだよ」「たいへんでしょうねえ」とか、そういうことばが出てくるのです。そうやって、いつでも家の周りの人びとを褒《ほ》め称《たた》えてあげるのです。

いくらでも仕事がありますよ。むこうは若いし、いろんなことをやらなくちゃいけないし、いろいろ失敗もしたりする。そうすると気が立って、ギャーギャー言ったりする。そうすると、「まあまあ、そういう失敗というのは、だれにでもあることだからね。まあ、気にしなくてもいいんだよ」「そんなものだよ。たいへんだろう」などと言って、ちょっと精神的に支えてあげる。そうすると、家の人びとは自分の存在を、たいへんありがたがってくれる。

だから、歳にふさわしい仕事といえば、よく笑うこと。イヤなことにも腹を立てないこと。もう腹を立てる権利はないのですよ。だって、ずーっと八十歳までイヤなことに出会ってきたのだから。いまさら腹が立つなんて情けないですよ。たとえば、家にあったなにか大事なお皿が割れてしまったとします。「なんてことするんですか。私がお嫁に来たとき持って来た皿ではないか」とか、そんなことを言ってはいけません。自分もこの人生で、どれぐらい皿を割ったかと、それを考えておいて、その場合は、「まあそう、割れたの。まあまあ、いいやそんなこと。この皿もご苦労さまだよ。これがもう、かれこれ五十年だね。そろそろ往《おう》生《じょう》する歳だから」という具合に言うのです。

いつでも穏やかな、いつでも仏様の顔で、ニコニコ笑顔だけは絶対忘れない。それが歳にふさわしい仕事です。

自分の腰が痛くて、足が痛くて、もうたまらないというときでも、それも冗談で、「もうそろそろ、この身体は処分しなくちゃいけないんだからね。だからまあ、気にすることはないんだ」という具合に言ってしまうのです。それで、「ちょっと助けてください。このぼろ車はもう立てませんから、ちょっと押してくれませんか」とか、「この足が動かないから、ちょっと車椅子《いす》に乗せて押してくれませんか」と、そういう感じで、いつでもとびきりの笑顔で、つねに人に感謝する。

だれでもいいのです。なにかちょっとしてもらったら、すぐ精いっぱい「ありがとう」「助かりましたよ」と感謝する。そうやって気持ちが変わると、ほんとうにそのとおりになりますよ。

もしかなり乱暴な孫が来たら、それなりになにかを頼む。「君はほんとうに体力があるから、私をちょっとお風呂まで運んでくれませんか」

と。それで孫がおばあちゃんをお風呂まで運んであげたりすると、「ほんとによかったねえ。体力があってありがたいことね」とか言う。孫も本気でそう思うでしょう。

自分の息子も歳ですから、もう運べないですよ。それに比べたら孫は筋肉隆々で、なんのことなくさっと運んでくれるでしょう。あまりにも速すぎてちょっと危なかったら、「あのねえ、君には力があるけど、私にはちょっと危ないの」と言うと、むこうもそれをちゃんと理解してやってくれます。

そうすると、ほんとうの気持ちで「ありがとう。助かりました。なんて私は幸せでしょう」と思えるようになるのです。

そういう歳にふさわしい生き方は、いくらでもあります。

明るくかわいいお年寄り

ですから、私たちは身体を見て、落ち込む必要はありません。気持ちは若い。でも、失敗すると早死にします。だからといって、気持ちを忘れて、「私は年寄りだ」と落ち込むのはよくない。気持ちの年齢は、ずーっと一定しているのですから。百十歳、百十五歳になっても、気持ち年齢はずーっと一定していますよ。

日本に有名なおばあさん姉妹がいましたね。「きんさんぎんさん」という愛称で呼ばれた、成田きんさんと蟹江ぎんさん。お二人とも百歳を超えるご長寿で、二十歳代の女の子のようにニコニコ笑ったり、冗談言ったりして明るかったでしょう。あれが気持ち年齢ですよ。気持ちでは若い娘さん。でも身体は、孫たちがちょっと支えてあげないと動かない。きんさんぎんさんは、その二つの違いをよく知っていたのですね。かわいくて、全国の人気者でしたから。コマーシャルにも出ていたくらい。コマーシャルというのは、とても若い、十四、五歳ぐらいの女の子を出して、人に錯覚を起こさせるものでしょう。なのに、きんさんぎんさんもコマーシャルに出たということは、ありがたいことですよ。おかしいことではないのです。

あの二人を見ていると、なんかどこかで楽しくなってしまうのですね。どこが楽しいのかわからないけど、なんだか楽しい。あのかたがたは、気持ち的には娘さんなのです。身体はもう百歳を超えているのに。その差が、かわいかったのです。あの二人は、気持ちの年齢と身体の年齢の差をしっかり知っていましたから。

しゃべるときは、ずいぶん若いときみたいな感じでしゃべる。動くときは、とんでもない年寄りです。だから、周りの人びとは大事にして、気をつけて食事を出してあげたりして、いろんなことをしてあげなくてはいけない。それにいやみもなにも言わないで、人びとと元気で明るくしゃべったり、いろんな冗談を言ったりしていましたね。

だから、精神的な年齢と身体の年齢の、この隔たりが、どんどん広くなってもかまいません。それがはっきりしていると、人間というのはけっこうかわいいのです。かわいい人間にとっては、生きることは苦しくないのです。くたびれた身体にたいしては、周りが助けてくれますから。

ただ、くたびれた身体を周りが助けてくれるのは、その人が精神的に若くて明るいからなのです。精神的に落ち込んで暗いと、おばあさんが孫に「ちょっと私を起こしてください」と言っても、「イヤだ。お父さんに頼んでよ」と断わられてしまうでしょう。もし、おばあさんに精神的な明るさがあれば、喜んでやってくれます。

気持ちの年齢と身体の年齢の差は、どんどん広がっていきますよ。どんどん。だって、身体は歳をとるのだけれど、精神は歳をとらない、そのままだから。

「身体がくたびれても、気持ちだけはくたびれないようにしてくださいい。そうすると、すばらしく楽しいのです」というのが、お釈迦さまの教えなのです。

「身体は歳とっても、精神だけはくたびれないように」

ある、よぼよぼに歳をとった老人がいて、お釈迦さまのお友達でした。「信者さん」というよりは「お友達」ですよ。その人が病気になって倒れてしまって、ずいぶん長いあいだ、お釈迦さまに会うことができなかったのです。「もう、人生終わりだなあ」と思っていたのです。「ああ、お釈迦さまに会えないなあ。お寺には行けないなあ」と悩みながらいたのですが、なんとか病気は治りました。治るには治りましたが、もう歳だから、身体は弱いままです。

そこで、お釈迦さまがその町まで来られたときに、どうにかお寺まで歩いて行って、弱音《よわね》を吐《は》いたのです。

「お釈迦さまはこの町に何回もいらっしゃいましたけど、私はあいさつに伺《うかが》うこともできませんでした。だって、私はひどい病気にかかって、寝たきりだったのですから。いまだって、どうにか来られましたけど、だからといって元気になったわけではありません。けっこう苦しいのです。とにかく、会いたいから来たのです」

すると、お釈迦さまの返事は、

「あのねえ、身体はくたびれても、気持ちだけはくたびれないようにしてくださいよ。身体は病気になっても、こころは病気にならないようにしてください」

それを聞いたとたん、「あ、なるほど!!」と、この人は喜んでしまって、いきなり明るく元気になったのです。

いままで顔色が悪くて、「うーん」と唸《うな》りながら、やっとのことでお寺に来たのですが、なんとなく若返ったような気分になり、ニコニコして帰ったのです。

この変身ぶりを見たサーリプッタ尊者が、そのおじいさんに尋ねました。

「おじいさん。あなた、お釈迦さまに会いに行くときには、途中で倒れて死んでしまいそうな顔でしたけど、帰るときはえらく若返っているのですね。いったいどうしたのですか?」

「元気にならずにいられますか。だって、たいへんなことを教えてもらったのだから。こんなすばらしいことを教えてもらったら、元気にならざるをえないですよ」

それでサーリプッタ尊者が、「なにを教えてもらったのですか?」と聞きました。

「お釈迦さまはね、いくら身体が歳をとっても、精神だけはくたびれないように、と教えてくれたのです。それで私はえらく楽しいのです」

サーリプッタ尊者が、

「おじいさん、それってどういう意味?『身体が歳をとってくたびれても、こころが歳をとらないように、くたびれることがないように』ってどうすればいいのでしょうか？　私に教えてくれませんか」

と言いました。

そうすると、その人はわからないのです。突然、喜んで舞い上がって帰っただけで、よく話を聞いていないのです。まあ、年寄りというのはそんなものですけどね。あわててすぐ帰るのですが、話を途中までしか聞いていない。あとで、「あら、聞くのを忘れちゃった」と。

で、サーリプッタ尊者に「教えてくれませんか」と言われたところで、このおじいさんはなんて返事したと思います？　自分はどう返事するべきか知らないのです。意味がわかっていない。身体が歳をとっても、気持ち的には元気で若々しくいなくてはいけない。では、そのためにはどうすればいいかということはわからない。でも、年寄りというのはなかなか頑固でね、なかなか負けず嫌いですよ。そのおじいさんも負けず嫌い。

このおじいさんが言ったのは、

「あのね、サーリプッタ尊者、あなたはなんのためにいるのですか？　そうやってお釈迦さまが短いことばでむずかしいことを教えてくれたら、それを詳しく説明してくれるのは、あなたの仕事でしょう。だから、あなたがちゃんとわかりやすく、私に教えてください」

と逆に、元気に明るく言い返したのです。

それで、サーリプッタ尊者は、このおじいさんにやられてしまったのです。サーリプッタ尊者はそう言われて、

「はいはい、わかりました。負けました。では、座ってください」

と座ってもらって、きめ細かく説明してあげたのです。

明解・こころをピカピカに保つ法

「それはね、おじいさん」

と、サーリプッタ尊者の解説が始まりました。

これからは、その内容です。

「身体というのは、毎日毎日、歳をとっていく。健康はどんどん減っていくのであって、増えることはありません。体力も減るのであって、増えることはないのです。病気になるのであって、健康になることはない。やがて、あちらが痛い、こちらが痛い、頭が痛い、おなかが痛い、腰が痛い、胸が痛いと、痛いところばかりで、痛くないところといえば、靴《くつ》ぐらいですよ。履物《はきもの》ぐらい。それも履《は》くときは痛い。歳をとると、そんなふうになってしまうのです。

だから、その身体のことは放っておきましょう。その代わりに、こころが腐《くさ》らないように、汚《よご》れないように、錆《さ》びないように、いつでもピカピカにしなくてはいけません。

それで教えてあげますけど、こころがくたびれて、隙間《すきま》だらけになって、蝕《むしば》まれた状態で、錆《さび》だらけになって、汚《きたな》くなるのは、どういうときですか？　それは、ひとつは欲張るときです」

こころが錆びる第一の原因「欲」

欲張ると、こころが錆《さ》びるのです。だから、若いときにはいろいろ欲があっても、歳とともに欲だけは落としていってください。若いときは自分の家を作って、かなり見栄を張って、「ああ、私はなんて幸せ者だろう。こんな立派な家も作れました」とか思いましたが、それはそのときのこと。歳とっていくと、「まあまあ、もういいんじゃないかなあ。それは孫たちが使ったらいい。私には、ちょっとそこらへんに部屋だけあれば十分だ」と、もう執着を捨てたほうがいいのです。

歳をとってきたら、「あれもほしい、これもほしい」とか、「あれもやりたい、これもやりたい」とか、そういうあらゆる欲を減らしてください。欲があると、こころが錆びて錆びて、くたくた、こなごなに壊れていくのです。そうすると、身体も年寄りで、精神も年寄りだから、もう文句なしに気持ち悪いのです。身体が歳をとると苦しいでしょう。ものすごく苦しいのです。そのうえ、こころも歳をとってしまうと、もうどうしようもない状態になるのです。だから、せいぜい救いは精神的に若々しくいることです。

精神的に若くピカピカ、ピチピチでいたければ、まず、あらゆる欲を減らしておくことなのです。どうせ関係ないのですからね。ステーキが食べたくなっても食べられないし。「そんなのは食べたくないんだよ。若いときにいっぱい食べたから、もうたくさんだ」「食べものなんかはもう、命をつなぐためにちょっと食べるだけで十分だ」という気分にならなくてはいけない。おかゆだけでも一日の栄養分が入るのだったら、それで十分です。おかずに四十三種類のものが入っていなくてもかまわない。

テレビを見ていると、おかずは歳をとればとるほど食べてください、という番組がいっぱい放映されています。でも、真に受けてほんとにあのとおりに食べたら、栄養過多《えいようかた》で死んでしまいますよ。

地方に行くと、朝から晩まで田んぼで重労働をしている日本人がいますが、それはある特別なおじいさん、おばあさんたちなのです。九十歳だと聞いて身体を見ると、嘘《うそ》じゃないかなと思うぐらい元気。

九十歳のおじいさんが毎日マラソンをしているのを見たのですが、私にはとてもできません。そんな体力はないのです。でも、そういう人間は特別です。みんながそうではないのです。九十歳のどんな男性にもマラソンができるわけではないのです。

それで、そのおじいさんが食べている食べものをテレビで全国放送すると、みんな勘違いして同じものを食べてしまう。そんなことをすると、往生する日がどんどん近づいてしまいます。成仏する日は、できるだけ延期したほうがいいのでしょう?

ですから、気をつけないといけない。特定の人間は、パクパク大量に食べてもいい。そのかたはそういう体質であるし、体力もあるのだから。でも、みんながそうではない。

だから、私たちは歳をとっていくにつれて、どんどん欲を減らしていかないといけません。

欲って暗い

おしゃれなんかも、あまり派手にしようということはやめて、落ち着いて、なんとなく雰囲気よく、品格よく自分が見えるようにと、そのように減らしておく。そうすると、精神的に楽なのです。

お金の余裕があるおばあさまがたは、いろんな宝石をつけたりするでしょう。いろんな宝石やらネックレスやら、いっぱい持っているのですが、あとを計算して十年もないのだからと、いつでもありったけつけている。指輪なんかは、細くなってしまった指にでっかいダイヤとか、桃を半分に切ったぐらいの宝石をはめてつけているのです。まあ、指輪の価値はわかるけれど、あまり見た目はよくない。お金のあるかただから、こちらで文句を言う筋合いはないけれど、やっぱりそんなことにこだわっていると、精神的に疲れますよ。

たとえば、豪華なダイヤのついたネックレスでもしているとき、「これは私が二十三歳のときに、主人が買ってくれたプレゼントだ」とか思ったりするでしょう。そうすると、こころが苦しくなります。

「ああ、主人も死んでしまって、三十三年だ。私はずーっと三十三年間も一人でさびしくて、子どもたちときたら、ぜんぜんあいさつにも来ないし、孫たちは外国生活で、顔を見たこともない」と、そんなことを思ってしまったら、苦しいですよ。ただネックレスひとつ見ただけのことで。

少欲＝シンプル＝楽

それで、気持ち年齢に穴が開《あ》くのです。こころが蝕《むしば》まれてしまうのです。せっかく歳をとらない気持ち年齢なのに、気持ちが暗くなってしまう。これは、ほんとうに不幸なのです。

だから、サーリプッタ尊者が「いろんなよけいな欲をどんどん減らしてください」とアドバイスしたのです。

欲を減らしたらシンプルになるのです。自分の部屋にあるありったけの思い出の品物とか、全部処分しちゃってシンプルにする。

小さなちゃぶ台があって、あと少しなにかしら家財道具があって、それだけとかね。そうすると、気分がよくなるのです。部屋の掃除なんかは、人に頼んだってなんのことはない。簡単だから。自分でもできる。あまりにも品物があふれていると、地震なんかがきたらどうしますか。逃げられないでしょう。

だから、そうやって欲を減らしておくと、気分が楽になります。子どものころのように、なんか浮き浮きした気分でいられますよ。

こころが錆びる第二の原因「怒り」

それから次に、怒《いか》りのたぐい。それを減らしてください。

怒りというのは、いろいろです。嫉妬《しっと》も怒り。憎《にく》しみも怒り。恨《うら》みも怒り。落ち込むことも怒り。怯《おび》えることも怒り。気分が悪くなることも怒り。

あれこれ、文句を言ったりすることもあるでしょう。それも怒りなのです。

「このごろ、世の中どうなってるんでしょうか」

とか、

「いまどきの若者はなんなのでしょうか」

とか、なにかにつけ文句を言うのです。あれも、立派な怒りですよ。

そんな怒りがこころに起こると、せっかく若々しいこころに、どんどん錆《さび》がつくのです。錆がついて、どんどん壊れてしまう。

それで、歳をとることがどんどん苦しくなるのです。

こころが錆びる第三の原因「無知」

それから三番目、愚かなこと。これは絶対にいけない。無知を捨てなさい、と言うのです。無知というのは、「智慧《ちえ》がないこと」です。馬に乗るとき使うムチではなくて、無知を捨てなさい、と。

やっぱり、若いときは無知ですよ。若い人を見ると、なんか頭がしゃきっとして賢そうに見えるでしょう。そんなことはないのです。無知ですよ。

だって、若い人は金を儲《もう》けることやら、食べることばかり考えていますよ。若い人の頭の中は、「なにを食べようか」とか、「どこに行って遊ぼうか」とか、「どうやって異性にもてようか」とか、そんなことしかないでしょう。人とけんかすることや、競争することや、男だったら、「どうやってあの新しい車を買えるかな。よし、借金してでも買ってやろう」とか、そんなことしか考えていないのですから、無知もいいところですよ。

若い人は、「人生ってなんだろう。私はどんな生き方をすればいいのか」とか、「せっかくみんなに育ててもらったのだから、社会にたいして、親にたいして、親戚にたいして、私はどう恩返しすればいいだろうか」とか、そんなことはぜんぜん、ひとかけらも考えないでしょう。「どうやってお父さんの金を奪《もら》おうか」とか、そんなことしか考えていない。「おばあさんの貯金をなんとかせしめる方法はないか」とかね。

だから、若い人というのは無知の塊《かたまり》なのです。賢そうに見えるのですが、誤解しないでください。たいしたことは考えていない。ろくなことを考えていないのです。

歳をとってもそんな思考だったら、すごく気持ち悪いですよ。遺産相続するときにはだれに遺言状を書いてあげようかとか、そんな財産のことばかり考えていると、無知になってしまいますよ。だから、歳をとってきたら、無知にならないように気をつけてください。

だいたい日本で歳をとるかたがたの場合、いちばん悲しい状況というのは認知症です。

車椅子《いす》生活になったって、そんなに悲しくはないのです。かっこいい車椅子に乗っていればいいのだからね。電動式もありますね。おしゃれをして、かっこいい電動車椅子に乗って、操縦しながらあっちこっち行けば、べつにどうってことないですよ。

ベッドから起きられない状態になっても、かっこよくいればよいのです。自動的に上げたり下げたりすることのできるベッドを、レンタルで借りて使えばいい。買う必要はありません。長いあいだ使うわけではないですからね。

そうやって寝たきりになっても、そんなに不幸ではありません。ベッドでも本は読めるし、手紙も書けるし、俳句も作れるし。寝たきりでいても、いっぱい俳句なんかを作ってみれば、ずーっと明るくいられますよ。

しかし、認知症になったらどうしようか、と。それが悲しいことなのです。

認知症というのは、悪いことに、身体だけは元気なままなのです。ぜんぜん病気には見えません。しかし、脳細胞はほとんど壊死《えし》して、機能しない。自分の息子の顔も覚えていない。ご飯を食べて三分もたつと、ご飯を食べたことすら忘れているのです。そうなると、ほんとに悲しいですよ。

だから、歳をとって、身体はくたびれてもいいけど、寝たきりになってもいいのだけれど、できれば認知症だけにはならないように、頭はがんばって磨《みが》いたほうがよいのです。

無知にならない「裏ワザ」が買える？

だから、いつでも頭だけは機能しているような調子にしておかなくてはいけない。これには「裏ワザ」があるのです。無知にならない「裏ワザ」がいろいろあります。

このあいだ、デパートに行ったら、あるコーナーに脳の運動と老化防止にという、なにかちょっとした器械があったのです。で、買うつもりはないのだけどおもしろがって、試しにちょっと使ってみようかなあと思ったのです。お試し用にひとつ置いてありますからね。それで、すこしやってみたのです。単純計算なのですね。２＋２とあると、さっと瞬時に答えを押さなくてはいけない。つぎに2＋□とあって、＝8とか、それで答えは6だから、さっと6を押さなければいけない。そういう単純計算。足し算、引き算、掛け算、割り算が、さーっと出てくる。だいたい二、三分以内で、二〇〇ぐらい出てくる。だれでも気楽にさっさっと答えられます。それを答えていくと、微妙に脳が刺激を受けて、健康的になるのだというのです。

だから、ピカピカの脳細胞を保つためには、ややこしい複雑なことをしなくてもいいのです。ごくシンプルなことをすれば十分なのです。

しかしですね、4＋4は8ですよという、そういう計算をして、頭が動いても、それは「死後」には役に立ちません。

みなさまは死後、天国に行くつもりでいるでしょう？

天国に行ったら、べつに、引き算、掛け算なんか、しなくてもいいでしょう。

今日のおかずはこれで、キャベツはいくらで、と家計簿をつけたりする必要もないでしょう。

「電気代はこれぐらいになる……だから、食費はどこかで切り詰めなきゃ」とか、「今月は肉は三日分減らしましょう」とか、天国に行ったら、そんな計算、しなくてもいいのです。

いつでもどこでも役に立つ仏教「裏ワザ」

どこへ行っても、天国に行っても、役に立つ智慧《ちえ》こそが必要ですよ。

仏教には、その「裏ワザ」があるのです。あんな器械は買わなくてもいいのです。あれはたぶん、八千円か九千円ぐらいです。高い。そんな単純計算をする器械がね。高いからというだけではなくて、それができたとしても、この世の中だけにしか役に立ちませんからね。あまり意味はない。

仏教でいう「裏ワザ」は、「『**なんでも無常だ**』**と観察すること**」なのです。自分の身体を見たって、無常だということは明らかにわかっているでしょう。「むかしは元気だったけど、いまは元気じゃない。まあ、身体は壊れるものだ」と。

そこで、孫やら若者を見ると、うらやましがるでしょう。

「ああ、若くてうらやましいな」

と。そう思ってはいけません。この人たちも、いまは若くて、「オレこそ世界一強いぞ」と思っているけど、「かつて私もそう思っていた。でも、いまはこのざまだ」と。

だから、元気でかわいくて美しい、若い人びとを見ても、ずーっと穏やかな気分で、

「やっぱり無常だなあ。彼らも歳をとると、悲しくなるでしょう。でも、それは自然の流れなのだ」

「すべてのものは変化する。無常なのだ。捨て去らなくてはいけない

のだ。私のこの身体も、捨て去るものだ」

と、そういうふうに考えるのです。

そう考えると、信じられないほど頭が冴《さ》えてきます。

こころがどんどんきれいになる。きれいになればなるほど、頭がよくなる。だから、すごくおもしろいのですよ。

歳をとることの最高の幸せというのは、それなのです。

「なんでも無常」でこころはピカピカ

お釈迦さまの時代に、ろくでもない人生を送ってきた人びとがいたのです。善悪なんかはどうでもいいというふうに、欲張った仕事ばかりしていました。それでも歳をとって弱って死にかけてくると、お釈迦さまやお釈迦さまの十大弟子のだれかに来てもらって、話をするのです。

「あなたどう、いまの調子は?」という具合に、お釈迦さまやお坊さまたちが話しかけます。

「そんなふうに聞かないでください。苦しいんですよ」

「では、かつてはどうでしたかねえ」

「かつては申し訳ありませんでした。仏法を聴《き》こうとか、善行為をしようとか、そんな気持ちは少しもなかった。いまになって、このざまです」

そこで、お坊さまたちやお釈迦さまが教えてあげるのです。

「真理はこんなものですよ。——すべては瞬間たりとも止まることなく変化してゆくものです。執着するに値するものは、なにひとつもないのです」

それを聞いて、悟るのです！　一生悪いことばかりしていたのに。

だから、歳をとることというのは、そんなに悪いことではないのです。頭が完全に冴えてきて、悟りを開けるぐらいチャンスがある。どんどん不自由になっていくと、足も身体もなんでも不自由になっていて、機械がないと動かない。それでかまいません。頭さえ機能しているならば、悟れるチャンスだってあるのですから。

悟りを開けるチャンスさえあるのですから、ばかにしてはなりませんよ。老人人生っていうのは大事です。そこに気をつけてほしい。その裏ワザ「すべては無常である」と、いつでもよく念じる。

だれを見たって、どこを見たって、無常であることはわかるのですからね。ちっちゃな赤ちゃんを見たら、「ああ、私もかつてはそうだったけど、いまはこんなだ。この赤ちゃんにしたって、あと何十年も経《た》つと、同じなのだ。世の中って、そんなものだ。私はこの赤ちゃんが高校生になるときは、もう顔は見られない。離れていくのだ。捨てていくのだ」と、そういうふうに考えてほしい。

「この身体なんか、ひどい代物だ。いままで八十年間もめんどう見てあげたのに、お返しはこんなものだ」と。身体は恩返ししてくれないでしょう。恩返しどころか、逆襲してきますよ、歳をとると。これほどめんどう見てあげたのに。おいしいものを食べさせて、毎日お風呂に入れて、高い宝石をつけて、高い服を着せて、ふかふかのお布団に寝かせてあげたのに……。身体には、ずいぶんお金がかかったのです。でも、身体の恩返しときたら、高血圧、がん、狭心症、脳内出血、そんなものですよ。身体はとんでもない恩知らずなやつです。

だから、歳をとったら、身体にたいしてひとかけらも未練をもたないこと。「こんなのは邪魔ものだ」と思うなら、もしかしたら悟りまで開けるのです。

だから、それをよく覚えてください。「なんでも無常だ。捨てていくものなのだ」と思っておく。それこそ、身体が歳をとって病気になってくたびれても、こころはピカピカ状態に保つための方法なのです。

歳をとることの大いなる恵み

この三つの錆《さ》びる原因と錆びない「裏ワザ」を、サーリプッタ尊者が、あのおじいさんに教えてあげたのです。

そこで、あのおじいさんも、

「よくわかりました。がんばります」

と言ってがんばりまして、不還果《ふげんか》という境地まで悟りを開いたのです。残るはあと一段階、阿羅漢果《あらかんか》だけ。それはもう出家しなければ得ることができない境地なのです。でも、不還果までいけば、死後にはかならず最終的な悟りが開けます。問題なし。パーフェクト。

それが、みなさまにもできるのです。

だから、歳をとるということは自然の流れで、われわれに与えられたひとつの大きな恵みであると理解しましょう。不幸なことではなく、壮大なチャンスに巡り合ったと理解しましょう。

その恵みを受け取るためには、身体の評価はとことん低くして、「もう出て行け！　おまえは裏切り者だ」と、身体にたいする執着を捨てて、自分のこころをとことんたいせつに、きれいに育てることです。

そうやって、「われわれは幸せに、歳をとればとるほど幸せに満たされた生き方ができるのだ」と覚悟し確信して生きていきましょう。

では、みなさまがたの人生が日々幸せでありますように、いつか悟りを開いて解脱《げだつ》できますようにお祈りして、お話を終わりにいたします。

あとがき

「高齢化社会」ということばは、すっかり私たちの日常のものとなりました。老いることが社会問題にまでなっているのです。ここ山口県でも若者の人口は減り、誓教寺《せいきょうじ》の法要《ほうよう》に来られるかたがたは、ほとんどがおばあさん、おじいさんです。

二〇〇五年九月十五・十六日、スマナサーラ長老をご講師にお招きした秋の彼岸会《ひがんえ》法要で、「なにか話してほしいテーマがありますか？」と問うてくださいましたので、「人びとの一番の関心事、老いとのつきあい方について教えてください」と、リクエストしました。私たちの小さな関心事に比して、長老のこたえはたいへんビッグなスケールとなり、説法は二日間にわたりました。

さて、一般的に「高齢」というと、私たちは年とった人、老人のことを思い浮かべます。しかしほんとうは、「老い」は「高齢者」だけのものではありません。

自分にとってショックだったからよく覚えているのですが、まだ二十歳代だったある日、鏡を見ていてふと白髪を見つけました。十代の頃にも白髪の一本や二本を見つけることはありましたが、いわゆる「若白髪」とか「福白髪」とか呼ばれるものだと、気になりませんでした。しかし、この日見つけた白髪に、自分が確実に老いつつあるのだと思い知らされました。自分の肉体が老化していくものであり、それは一方向へ止まることなく進んでいくものだということが、ズシンと実感されたのです。

「成長」と呼んでいる変化が「老化」と呼ばれるようになるのは、どこからでしょうか。いくら私たちが「何歳頃までは『成長』で、何歳頃からは『老化』だ」と言ってみたところで、十代で見つけた白髪も、「老化」に違いないのです。「若白髪」と呼ぼうと、「福白髪」とごまかしても、事実は「老化」に違いありません。（もっと言えば、赤ちゃんが日々成長する変化も、一日一日、一瞬一瞬、死へと向かっていく「老化現象」にほかなりません。）

自分が老いていっていることを、私たちは認めたくないのです。私たちは老いを少しでも遅らせようとして、どれほどの努力を払っていることでしょう。老いをごまかすためならば、高価なものでも買ってしまいます。自分が老いていることを忘れさせてくれるならば、なんでもするのです。化粧品が売れるのも、バイアグラが売れるのも、さまざまなサプリメントが売れるのも、白髪を染めるのも、健康体操やスイミングクラブに通うのも、「いや、まだまだ大丈夫だ」と、自分が老いていることに目をつぶっていたいからなのです。

膨大な時間と大枚のお金を費やして「老い」に抵抗する私たちは、結局のところ、むだなあがきをしているにすぎません。私たちが「老い」を止めることは不可能なことです。いずれ老いとの勝負に負けて、死ぬことは決まっているからです。それでも私たちは、生活のほとんどを「老い」への抵抗活動に注ぎこみます。私たちの人生は老いない努力であり、死なない努力であり、生きるために生きているにすぎないものになっているのです。一日でも長く生きているために今日の一日を使うのです。

壮年の頃までの忙しさが消えて、世間からも必要とされなくなってくると、その事実はいっそうはっきりと浮かび上がってきます。老いたから出てくる事実ではなく、若い頃には覆《おお》いをかけて見えなくしていたのにすぎません。年齢に関係なく、人生のそのむなしさを、私たちはいつも隠そうとしているのです。

しかし、私たちはひとつの大事なことを見落としているようです。「老い」は肉体の変化なのです。精神の老いについては、私たち個人個人に委ねられているのです。私たちは自分のこころを「老い」させることもできるし、「成熟」させることもできるのです。

これは「老い」にうちひしがれる私たちには、なんとうれしいことでしょう。しかも、こころを老化させず、成熟させる人びとは、不思議なことに肉体の老いも緩《ゆる》やかであるというおまけつきです。

この本の中に、こころを成熟させるたくさんのヒントを見つけることができます。自分の小さい殻の中からものごとを見るのではなく、宇宙規模の視野をもつこともそうです。それから、食べものの食べ方、若い人たちとのつきあい方、野良仕事の仕方などなど、チャレンジしてみるテーマは満載です。

そして、サーリプッタ尊者がおじいさんに教えてあげた「こころをピカピカに保つ方法」があります。こころを錆《さ》びさせず、逆にピカピカに磨《みが》いてしまう三つの実践方法です。

三つのうち、第二の錆「怒り」についての説明が少ないとお思いになったかもしれません。怒りが攻撃的で破壊的なことは、私たちはほんとうは知っています。怒ればまず自分の体調が悪くなり、自分の身体が病気になってしまいます。かっとしたとき、嫉妬するとき、悔しいとき、悲しいとき、イライラするとき、がっくりするとき、たちまち食欲がなくなり、やる気がなくなり、体調が悪くなり、すべてうまくいかなくなります。ここでの長老の説明は短いですが、怒りがおそろしい錆であることは、私たちにも簡単に発見できると思います。

第三の錆「無知」は、文字どおり、智慧がないことです。「無常」を知らないことです。こころを錆びさせないために、そして成熟させるために、「無常」という智慧の視点が、なくてはならない強力な武器です。「老い」は年齢に関係ないと申しましたが、年齢を重ねることがこの智慧の視点をひらくのに役に立つのです。身近な人の死、社会の移り変わり、大切に思ったものも自分のものとして留めることができないこと、いたんで、こわれて、なくなり、変化して、すべてが自分の指の間からこぼれ落ちていってしまうこと、そうした辛い経験の数かずが、「無常」

という真理の扉をひらくキーとなりうるのです。
そうやって真理の扉を開いたお年寄りは、家族からも、親戚からも、社会からも、なくてはならない精神的拠り所となるでしょう。慕われ、尊敬され、大切にされることでしょう。智慧に満ちて、明るく、落ち着いた人びとは、世界の宝です。たとえその人が、身体は動かなくなっても、病床にあっても、生きていてくれるだけで、人びとの支えとなるのです。

誓教寺坊守　藤本　竜子

アルボムッレ・スマナサーラ（Ven. Alubomulle Sumanasara）
1945年、スリランカ生まれ。13歳で出家得度。国立ケラニヤ大学で教鞭をとったのち、1980年に招聘されて来日。
現在、日本テーラワーダ仏教協会の長老として、冥想指導・説法・経典勉強会・講演会・著書の執筆など多方面にわたる仏教活動をおこなう。
2005年、大寺派日本大サンガ主管長老に就任。
著書　『希望のしくみ』（養老孟司との共著、宝島社）
『無常の見方』『怒らないこと』『心は病気』（サンガ）
『死後はどうなるの？』（国書刊行会）
『ブッダ―大人になる道』（筑摩書房）など多数。
連絡　東京都渋谷区幡ヶ谷1-23-9　〒151-0072
(宗)日本テーラワーダ仏教協会

藤本　竜子（ふじもと　りゅうこ）
1960年、京都市生まれ。関西学院大学文学部教育学科卒業。大谷大学大学院仏教学専攻修士課程修了。現在、浄土真宗誓教寺坊守。

老《お》いは楽《たの》し　スマナサーラ長老の悩みをなくす７つの玉手箱②

ISBN978-4-336-05077-9

平成20年11月14日　初版第1刷発行

著　者　A・スマナサーラ
発行者　佐藤今朝夫

〒174-0056 東京都板橋区志村1-13-15
発行所　株式会社　国書刊行会
電話03(5970)7421　FAX 03(5970)7427
E-mail: info@kokusho.co.jp　URL: http://www.kokusho.co.jp

落丁本・乱丁本はお取替えいたします。　印刷　㈱シーフォース　製本　村上製本所